Die schönsten deutschen

Liebesgedichte

aus fünf Jahrhunderten

Bechtermünz

Ausgewählt von Günter Berg

Genehmigte Lizenzausgabe für
Weltbild Verlag GmbH, Augsburg 2000

Gesamtherstellung: Ebner Ulm
Printed in Germany

ISBN 3-8289-6822-8

Die schönsten deutschen Liebesgedichte aus fünf Jahrhunderten

Rastlose Liebe

Dem Schnee, dem Regen,
Dem Wind entgegen,
Im Dampf der Klüfte,
Durch Nebeldüfte,
Immer zu! Immer zu!
Ohne Rast und Ruh!

Lieber durch Leiden
Möcht' ich mich schlagen,
Als so viel Freuden
Des Lebens ertragen.
Alle das Neigen
Von Herzen zu Herzen,
Ach wie so eigen
Schaffet das Schmerzen!

Wie soll ich fliehen?
Wälderwärts ziehen?
Alles vergebens!
Krone des Lebens,
Glück ohne Ruh,
Liebe, bist du!

Johann Wolfgang Goethe

Hans Sachs

1494-1576

Ein schöns Lied einer ehrlichen Jungfrauen in eignem Ton mit ihrem Namen in fünf Buchstaben

Mein Herz hat mir umfangen
Mit süßer Liebe Brunst,
Mit Sehnen und Verlangen
In treuer Lieb und Gunst
Ein Jungfrau, schön und zart,
Ganz tugendhafter Art:
Dieweil ich lebt auf Erden,
Kein Mensch mir lieber ward.

Ach wollt Gott, daß die Reine
Erkennt mein Herz und Gmüt,
Daß ich begehr alleine
Gnad ihr mildreichen Güt.
Darauf tu hoffen ich,
Sie wird aufnehmen mich
Zu eim treuen Liebhaber
Hie und dort ewiglich.

Rein in ehlicher Treue,
In Lieb und Stetigkeit
Sich unser Lieb verneue
Unsers ganz Lebens Zeit,
Daß sich mehr' beidersam

Unser Geschlecht und Stamm,
Fruchtbar mit Heil und Glücke,
Mit untödlichem Nam.

Ich bitt, du einigs Eine,
Du mein herziges Herz,
Gib dein Willen dareine,
So nehmt ein End mein Schmerz.
Gut Hoffnung mich ernährt,
Dein Herz werd zu mir kehrt;
Wär mir die höchste Freude,
Würd mir das Heil beschert.

All Hoffnung tu ich setzen,
Mein höchster Schatz, auf dich
Du werdst mich Leids ergetzen,
Günstig begnaden mich,
Daß du werdst ewig mein
Und ich werd ewig dein
In dem ehlichen Stande.
Wie möcht uns baß gesein?!

Alte Volkslieder

Waldvögelein

Es flog ein kleins Waldvögelein
Der Lieben fürs Fensterlein.
Es klopfet also leise
Mit seinem Goldschnäbelein:
»Stand auf, Herzlieb, und laß mich ein!
Ich bin so lang geflogen
Wohl durch den Willen dein.«

»Bist du so lang geflogen
Wohl durch den Willen mein,
Komm heint um halber Mitternacht,
So will ich dich lassen ein;
Ich will dich decken also warm,
Ich will dich freundlich schließen
An mein schneeweiße Arm.«

Laß rauschen!

Ich hort ein Sichellin rauschen,
Wohl rauschen durch das Korn,
Ich hort ein feine Magd klagen,
Sie hätt' ihr Lieb verlorn.

»Laß rauschen, Lieb, laß rauschen!
Ich acht nit, wie es geh:
Ich hab mir ein Buhlen erworben
In Veiel und grünem Klee.«

»Hast du ein Buhlen erworben
In Veiel und grünem Klee:
So steh ich hie alleine,
Tut meinem Herzen weh!«

Das Mühlrad

Dort hoch auf jenem Berge,
Da geht ein Mühlerad,
Das mahlet nichts denn Liebe
Die Nacht bis an den Tag.
Die Mühle ist zerbrochen,
Die Liebe hat ein End,
So g'segn dich Gott, mein feines Lieb,
Jetzt fahr ich ins Elend.

Simon Dach

1605-1659

Annchen von Tharau

Annchen von Tharau ist, die mir gefällt;
Sie ist mein Leben, mein Gut und mein Geld.

Annchen von Tharau hat wieder ihr Herz
Auf mich gerichtet in Lieb' und in Schmerz.

Annchen von Tharau, mein Reichtum, mein Gut,
Du meine Seele, mein Fleisch und mein Blut!

Käm' alles Wetter gleich auf uns zu schlahn,
Wir sind gesinnet bei einander zu stahn.

Krankheit, Verfolgung, Betrübniß und Pein
Soll unsrer Liebe Verknotigung seyn.

Recht als ein Palmenbaum über sich steigt,
Je mehr ihn Hagel und Regen anficht;

So wird die Lieb' in uns mächtig und groß
Durch Kreuz, durch Leiden, durch allerlei Noth.

Würdest du gleich einmal von mir getrennt,
Lebtest, da wo man die Sonne kaum kennt;

Ich will dir folgen durch Wälder, durch Meer,
Durch Eis, durch Eisen, durch feindliches Heer.

Annchen von Tharau, mein Licht, meine Sonn,
Mein Leben schließ' ich um deines herum.

Was ich gebiete, wird von dir gethan,
Was ich verbiete, das läßt du mir stahn.

Was hat die Liebe doch für ein Bestand,
Wo nicht Ein Herz ist, Ein Mund, Eine Hand?

Wo man sich peiniget, zanket und schlägt,
Und gleich den Hunden und Katzen beträgt?

Annchen von Tharau, das woll'n wir nicht thun;
Du bist mein Täubchen, mein Schäfchen, mein
Huhn.

Was ich begehre, ist lieb dir und gut;
Ich laß den Rock dir, du läßt mir den Hut!

Dies ist uns Annchen die süsseste Ruh.
Ein Leib und Seele wird aus Ich und Du.

Dies macht das Leben zum himmlischen Reich,
Durch Zanken wird es der Hölle gleich.

Übersetzung von
Johann Gottfried Herder

Paul Fleming

1609-1640

Wie er wolle geküsset sein

Nirgends hin als auf den Mund:
Da sinkt's in des Herzens Grund;
Nicht zu frei, nicht zu gezwungen,
Nicht mit gar zu fauler Zungen.

Nicht zuwenig, nicht zuviel:
Beides wird sonst Kinderspiel;
Nicht zu laut und nicht zu leise:
Bei dem Maß ist rechte Weise.

Nicht zu nahe, nicht zu weit:
Dies macht Kummer, jenes Leid;
Nicht zu trocken, nicht zu feuchte,
Wie Adonis Venus reichte.

Nicht zu harte, nicht zu weich,
Bald zugleich, bald nicht zugleich,
Nicht zu langsam, nicht zu schnelle,
Nicht ohn Unterschied der Stelle.

Halb gebissen, halb gehaucht,
Halb die Lippen eingetaucht,
Nicht ohn Unterschied der Zeiten,
Mehr alleine denn bei Leuten.

Küsse nun ein jedermann,
Wie er weiß, will, soll und kann!
Ich nur und die Liebste wissen,
Wie wir uns recht sollen küssen.

Christian Hofmann von Hofmannswaldau

1617-1679

Die Wollust

Die Wollust bleibet doch der Zucker dieser Zeit,
Was kann uns mehr denn sie den Lebenslauf versüßen?
Sie lässet trinkbar Gold in unsre Kehle fließen
Und öffnet uns den Schatz beperlter Lieblichkeit.
In Tuberosen kann sie Schnee und Eis verkehren
Und durch das ganze Jahr die Frühlingszeit gewähren.

Es schaut uns die Natur als rechte Kinder an,
Sie schenkt uns ungespart den Reichtum ihrer Brüste,
Sie öffnet einen Saal voll zimmetreicher Lüste,
Wo aus des Menschen Wunsch Erfüllung quellen kann.
Sie legt als Mutter uns der Wollust in die Armen
Und läßt durch Lieb und Wein den kalten Geist erwarmen.

Nur das Gesetze will allzu tyrannisch sein.
Es zeiget jederzeit ein widriges Gesichte,
Es macht des Menschen Lust und Freiheit ganz zunichte
Und flößt für süßen Most uns Wermuttropfen ein.
Es untersteht sich, uns die Augen zu verbinden
Und alle Lieblichkeit aus unsrer Hand zu winden.

Die Ros entblößet nicht vergebens ihre Pracht,
Jasmin will nicht umsonst uns in die Augen lachen –

Sie wollen unsrer Lust sich dienst- und zinsbar
machen.
Der ist sein eigen Feind, der sich zu plagen tracht;
Wer für die Schwanenbrust ihm Dornen will erwählen,
Dem muß es an Verstand und reinen Sinnen fehlen.

Was nutzet endlich uns doch Jugend, Kraft und Mut,
Wenn man den Kern der Welt nicht reichlich will
genießen
Und dessen Zuckerstrom läßt unbeschifft verschießen;
Die Wollust bleibet doch der Menschen höchstes Gut,
Wer hier zu Segel geht, dem wehet das Gelücke
Und ist verschwenderisch mit seinem Liebesblicke.

Wer Epikuren nicht für seinen Lehrer hält,
Der hat den Weltgeschmack und allen Witz verloren,
Es hat ihr die Natur als Stiefsohn ihn erkoren,
Er muß ein Unmensch sein und Scheusal dieser Welt.
Der meisten Lehrer Wahn erregte Zwang und
Schmerzen:
Was Epikur gelehrt, das kitzelt noch die Herzen.

Johann Christian Günther

1695-1723

Das Feld der Lüste

Eröffne mir das Feld der Lüste,
Entschleuß die wollustschwangre Schoß,
Gib mir die schönen Lenden bloß,
Bis sich des Mondes Neid entrüste!
Der Nacht ist unsrer Lust bequem,
Die Sterne schimmern angenehm
Und buhlen uns nur zum Exempel.
Drum gib mir der Verliebten Kost,
Ich schenke dir der Wollust Most
Zum Opfer in der Keuschheit Tempel.

Die Pest

Die Pest ergriff den Leib der schönen Flavia,
Der Mund warf Jäscht und Schaum, die Brust
geschwollne Beulen,
Die Augen wurden welk, und niemand war mehr da,
Und niemand konnte sie mit Kraut und Pflaster heilen.

Ihr treuer Thyrsis kam und warf den treuen Arm
Der Schönen um den Hals, den Stank und Eiter füllte;
Die Liebe macht' ihm mehr als Angst und Fieber warm,
Daher er in der Schoß die starke Sehnsucht stillte.

Seht, welch ein Wunderwerk! Die Kranke wird entzückt
Und durch den Perlentau mit neuer Kraft begossen;
Sie hebt den schwachen Leib und lacht und hüpft und drückt,
So daß es, wie man sagt, auch selbst den Tod verdrossen.

Und kurz, sie ward gesund. Was tut die Liebe nicht!
Ihr Ärzte, prahlt nicht mehr mit eurem Doktortitel;
Die Kunst, so Thyrsis kann, ist besser eingericht.
Ihr Mägdgens, lernt und braucht dergleichen Lebensmittel!

Die verworfene Liebe

Ich habe genug.
Lust, Flammen und Küsse
Sind giftig und süße
Und machen nicht klug.
Komm, selige Freiheit, und dämpfe den Brand,
Der meinem Gemüte die Weisheit entwand.

Was hab ich getan!
Jetzt seh ich die Triebe
Der törichten Liebe
Vernünftiger an;
Ich breche die Fessel, ich löse mein Herz
Und hasse mit Vorsatz den zärtlichen Schmerz.

Was quält mich vor Reu?
Was stört mir vor Kummer
Den nächtlichen Schlummer?
Die Zeit ist vorbei.
O köstliches Kleinod, o teurer Verlust!
O hätt ich die Falschheit nur eher gewußt!

Geh, Schönheit, und fleuch!
Die artigsten Blicke
Sind schmerzliche Stricke;
Ich merke den Streich.
Es lodern die Briefe, der Ring bricht entzwei
Und zeigt meiner Schönen: Nun leb ich recht frei.

Nun leb ich recht frei
Und schwöre von Herzen,
Daß Küssen und Scherzen
Ein Narrenspiel sei;
Denn wer sich verliebet, der ist wohl nicht klug.
Geh, falsche Sirene, ich habe genug!

Friedrich von Hagedorn

1708-1754

Die Küsse

Als sich aus Eigennutz Elisse
Dem muntern Coridon ergab,
Nahm sie für einen ihrer Küsse
Ihm anfangs dreißig Schäfchen ab.

Am andern Tag erschien die Stunde,
Daß er den Tausch viel besser traf.
Sein Mund gewann von ihrem Munde
Schon dreißig Küsse für ein Schaf.

Der dritte Tag war zu beneiden:
Da gab die milde Schäferin
Um einen neuen Kuß mit Freuden
Ihm alle Schafe wieder hin.

Allein am vierten ging's betrübter,
Indem sie Herd und Hund verhieß
Für einen Kuß, den ihr Geliebter
Umsonst an Doris überließ.

Der Wettstreit

Mein Mädchen und mein Wein
Die wollen sich entzwein.
Ob ich den Zwist entscheide,
Wird noch die Frage sein.

Ich suche mich durch beide
Im Stillen zu erfreun.
Sie gibt mir größre Freude:
Doch öftre gibt der Wein.

An eine Schläferin

Erwache, schöne Schläferin,
Falls dieser Kuß nicht zu bestrafen:
Doch wenn ich dir zu zärtlich bin;
Schlaf, oder scheine mir zu schlafen.

Die Unschuld, die nur halb erwacht,
Wann Lieb und Wollust sie erregen,
Hat öfters manchen Traum vollbracht,
Den Spröde sich zu wünschen pflegen.

Was du empfindest, ist ein Traum:
Doch kann ein Traum so schön betrügen?
Gibst du der Liebe selbst nicht Raum:
So laß dich dann ihr Bild vergnügen.

An die Liebe

Tochter der Natur,
Holde Liebe!
Uns vergnügen nur
Deine Triebe.
Gunst und Gegen-Gunst
Geben allen
Die beglückte Kunst
Zu gefallen.

Christian Fürchtegott Gellert

1715-1769

Damötas und Phyllis

Damötas war schon lange Zeit
Der jungen Phyllis nachgegangen;
Noch konnte seine Zärtlichkeit
Nicht Einen Kuß von ihr erlangen.
Er bat, er gab sich alle Müh;
Doch seine Spröde hört ihn nie.

Er sprach: Zwei Bänder geb ich dir.
Auch soll kein Warten mich verdrießen;
Versprich nur, schöne Phyllis, mir,
Mich diesen Sommer noch zu küssen.
Sie sieht sie an, er hofft sein Glück;
Sie lobt sie, und gibt sie zurück.

Er bot ein Lamm, noch zwei darauf,
Dann zehn, dann alle seine Herden.
So viel? Dies ist ein teurer Kauf.
Nun wird sie doch gewonnen werden?
Doch nichts nahm unsre Phyllis ein;
Mit finstrer Stirne sprach sie: Nein!

Wie? rief Damötas ganz erhitzt,
So willst du ewig widerstreben?
Gut, ich verbiete dir anitzt,
Mir jemals einen Kuß zu geben.
O! rief sie, fürchte nichts von mir,
Ich bin dir ewig gut dafür.

Die Spröde lacht; der Schäfer geht,
Schleicht ungeküßt zu seinen Schafen.
Am andern Morgen war Damöt
Bei seinen Herden eingeschlafen;
Er schlief, und im Vorübergehn
Blieb Phyllis bei dem Schäfer stehn.

Wie rot, spricht Phyllis, ist sein Mund!
Bald dürft ich mich zu was entschließen.
O! täte nicht sein böser Hund,
Ich müßte diesen Schäfer küssen.
Sie geht; doch da sie gehen will,
So steht sie vor Verlangen still.

Sie sieht sich dreimal schüchtern um,
Und sucht die Zeugen, die sie scheute;
Sie macht den Hund mit Streicheln stumm,
Und lockt ihn freundlich auf die Seite;
Sie sinnt, bis daß sie ganz verzagt
Sich noch zween Schritte näher wagt.

Hier steht nunmehr das gute Kind;
Allein sie kann sich nicht entschließen.
Doch nein, itzt bückt sie sich geschwind,
Und wagts, Damöten sanft zu küssen.
Sie gibt ihm drauf noch einen Blick,
Und kehrt nach ihrer Flur zurück.

Wie süße muß ein Kuß nicht sein!
Denn Phyllis kömmt noch einmal wieder,
Scheint minder sich, als erst, zu scheun,
Und läßt sich bei dem Schäfer nieder;

Sie küßt, und nimmt sich nicht in acht;
Sie küßt ihn, und Damöt erwacht.

O! fing Damöt halb schlafend an,
Mißgönnst du mir die sanfte Stunde?
Dir, sprach sie, hab ich nichs getan,
Ich spielte nur mit deinem Hunde;
Und überhaupt, es steht nicht fein,
Ein Schäfer und stets schläfrig sein.

Jedoch, was gibst du mir, Damöt?
So sollst du mich zum Scherze küssen.
Nun, sprach der Schäfer, ists zu spät,
Du wirst an mich bezahlen müssen.
Drauf gab die gute Schäferin
Um einen Kuß zehn Küsse hin.

Die Widersprecherin

Ismene hatte noch, bei vielen andern Gaben,
Auch diese, daß sie widersprach.
Man sagt es überhaupt den guten Weibern nach,
Daß alle diese Tugend haben;
Doch, wenns auch tausendmal der ganze Weltkreis spricht:
So halt ichs doch für ein Gedicht,
Und sag es öffentlich, ich glaub es ewig nicht.
Ich bin ja auch mit mancher Frau bekannt,
Ich hab es oft versucht, und manche schön genannt,
So häßlich sie auch war, bloß, weil ich haben wollte,
Daß sie mir widersprechen sollte;
Allein sie widersprach mir nicht.

Und also ist es falsch, daß jede widerspricht.
So kränkt man euch, ihr guten Schönen!
Itzt komm ich wieder zu Ismenen.
Ismenen sagte mans nicht aus Verleumdung nach,
Es war gewiß, sie widersprach:

Einst saß sie mit dem Mann bei Tische;
Sie aßen unter andern Fische,
Mich deucht, es war ein grüner Hecht.
Mein Engel, sprach der Mann, mein Engel, ist mir recht:
So ist der Fisch nicht gar zu blau gesotten.
Das, rief sie, hab ich wohl gedacht,
So gut man auch die Anstalt macht:
So finden Sie doch Grund, der armen Frau zu spotten.
Ich sag es Ihnen kurz, der Hecht ist gar zu blau.
Gut, sprach er, meine liebe Frau,
Wir wollen nicht darüber streiten,
Was hat die Sache zu bedeuten?

So wie dem welschen Hahn, dem man was Rotes zeigt,
Der Zorn den Augenblick in Nas und Lefzen steigt,
Sie rot und blau durchströmt, lang aus einander treibet,
In beiden Augen blitzt, sich in den Flügeln sträubet,
In alle Federn dringt, und sie gen Himmel kehrt,
Und zitternd, mit Geschrei und Poltern, aus ihm fährt:
So schießt Ismenen auch, da dies ihr Liebster spricht,
Das Blut den Augenblick in ihr sonst blaß Gesicht;
Die Adern liefen auf, die Augen wurden enger,
Die Lippen dick und blau, und Kinn und Nase länger;
Ihr Haar bewegte sich, stieg voller Zorn empor,
Und stieß, indem es stieg, das Nachtzeug von dem Ohr.
Drauf fing sie zittern an: Ich, Mann! ich, deine Frau,

Ich sag es noch einmal, der Hecht war gar zu blau.
Sie nimmt das Glas und trinkt. O laßt sie doch
nicht trinken!

Ihr Liebster geht, und sagt kein Wort,
Kaum aber ist ihr Liebster fort;
So sieht man sie in Ohnmacht sinken.
Wie konnt es anders sein. Gleich auf den Zorn
zu trinken!
Ein plötzliches Geschrei bewegt das ganze Haus;
Man bricht der Frau die Daumen aus;
Man streicht sie kräftig an; kein Balsam will
sie stärken.
Man reibt ihr Schlaf und Puls; kein Leben ist
zu merken.
Man nimmt versengtes Haar und hälts ihr vors Gesicht.
Umsonst! Umsonst! Sie riecht es nicht;
Nichts kann den Geist ihr wiedergeben.
Man ruft den Mann: er kömmt, und schreit: Du stirbst,
mein Leben!
Du stirbst? Ich armer Mann! Ach! meine liebe Frau,
Wer hieß mich dir doch widerstreben!
Ach, der verdammte Fisch! Gott weiß, er war
nicht blau.
Den Augenblick bekam sie wieder Leben,
Blau war er, rief sie aus, willst du dich noch
nicht geben?

So tat der Geist des Widerspruchs
Mehr Wirkung, als die Kraft des heftigsten Geruchs.

Johann Wilhelm Ludwig Gleim

1719-1803

Anakreon

Anakreon, mein Lehrer,
Singt nur von Wein und Liebe;
Er salbt den Bart mit Salben,
Und singt von Wein und Liebe;
Er krönt sein Haupt mit Rosen,
Und singt von Wein und Liebe;
Er paaret sich im Garten,
Und singt von Wein und Liebe;
Er wird beim Trunk ein König,
Und singt von Wein und Liebe;
Er spielt mit seinen Göttern,
Er lacht mit seinen Freunden,
Vertreibt sich Gram und Sorgen,
Verschmäht den reichen Pöbel,
Verwirft das Lob der Helden,
Und singt von Wein und Liebe;
Soll denn sein treuer Schüler
Von Haß und Wasser singen?

Christian Felix Weisse

1726-1804

Der Kuß

Ich war bei Chloen ganz allein,
Und küssen wollt ich sie:
Jedoch sie sprach: sie würde schrein,
Es sei vergebne Müh!

Doch wagt ich es, und küßte sie,
Trotz ihrer Gegenwehr.
Und schrie sie nicht? Ja wohl, sie schrie,
Doch lange hinterher.

Gotthold Ephraim Lessing

1729-1781

Für wen ich singe

Ich singe nicht für kleine Knaben,
Die voller Stolz zur Schule gehn,
Und den Ovid in Händen haben,
Den ihre Lehrer nicht verstehn.

Ich singe nicht für euch, ihr Richter,
Die ihr voll spitzger Gründlichkeit
Ein unerträglich Joch dem Dichter,
Und euch die Muster selber seid.

Ich singe nicht den kühnen Geistern,
Die nur Homer und Milton reizt;
Weil man den unerschöpften Meistern
Die Lorbeern nur umsonst begeizt.

Ich singe nicht, durch Stolz gedrungen,
Für dich, mein deutsches Vaterland.
Ich fürchte jene Lästerzungen,
Die dich bis an den Pol verbannt.

Ich singe nicht für fremde Reiche.
Wie käm mir solch ein Ehrgeiz ein?
Das sind verwegne Autorstreiche.
Ich mag nicht übersetzet sein.

Ich singe nicht für fromme Schwestern,
Die nie der Liebe Reiz gewinnt,
Die, wenn wir munter singen, lästern,
Daß wir nicht alle Schmolken sind.

Ich singe nur für euch, ihr Brüder,
Die ihr den Wein erhebt, wie ich.
Für euch, für euch sind meine Lieder.
Singt ihr sie nach: o Glück für mich!

Ich singe nur für meine Schöne,
O muntre Phyllis, nur für dich.
Für dich, für dich sind meine Töne.
Stehn sie dir an, so küsse mich.

Der Tod

Gestern, Brüder, könnt ihrs glauben?
Gestern bei dem Saft der Trauben,
(Bildet euch mein Schrecken ein!)
Kam der Tod zu mir herein.

Drohend schwang er seine Hippe,
Drohend sprach das Furchtgerippe:
Fort, du teurer Bacchusknecht!
Fort, du hast genug gezecht!

Lieber Tod, sprach ich mit Tränen,
Solltest du nach mir dich sehnen?
Sieh, da stehet Wein für dich!
Lieber Tod verschone mich!

Lächelnd greift er nach dem Glase;
Lächelnd macht ers auf der Base,
Auf der Pest, Gesundheit leer;
Lächelnd setzt ers wieder her.

Fröhlich glaub ich mich befreiet,
Als er schnell sein Drohn erneuet.
Narre, für dein Gläschen Wein
Denkst du, spricht er, los zu sein?

Tod, bat ich, ich möcht auf Erden
Gern ein Mediziner werden.
Laß mich: ich verspreche dir
Meine Kranken halb dafür.

Gut, wenn das ist, magst du leben:
Ruft er. Nur sei mir ergeben.
Lebe, bis du satt geküßt,
Und des Trinkens müde bist.

O! wie schön klingt dies den Ohren!
Tod, du hast mich neu geboren.
Dieses Glas voll Rebensaft,
Tod, auf gute Brüderschaft!

Ewig muß ich also leben,
Ewig! denn, beim Gott der Reben!
Ewig soll mich Lieb und Wein,
Ewig Wein und Lieb erfreun!

Heinrich Wilhelm von Gerstenberg

1737-1823

An eine Rose

Du kleine Rose, glaube mir,
Du sollst Lucindens Busen schmücken.
Ich selber will dich ihr
Itzt auf den vollen Busen drücken.

Dann sag ich: »Mädchen, küsse mich,
Sieh, dies hat Flora dir geweihet.
Sieh, wie die Rose sich
Schon über ihre Stelle freuet.«

Doch untersteht ein Jüngling sich
Dich von dem Busen abzubrechen:
Dann, Rose, räche mich,
Dann mußt du ihn gewaltsam stechen.

Doch wenn in meines Mädchens Brust
Nach mir sich zarte Wünsche regen –
O die geliebte Brust!
Dann hauch ihr süßern Duft entgegen.

Das schlafende Mädchen

Schlummre, schlummre sanft, o Schöne!
Stört sie nicht, der Nachtigallen Töne!
Sterblich ist sie nicht: ach nein!
Eine Göttin muß sie sein.
O ich will auf diesen Auen
Gleich ihr einen Altar bauen;
Weihrauch will ich auf ihn streun:
Ja! – sie kann nicht sterblich sein.
Aber wenn sie nun erwachet;
Freundlich diese Wange lachet –
Armes Herz! wie wird dirs gehn!
O wie schlummert sie so schön!

Matthias Claudius

1740-1815

Die Liebe

Die Liebe hemmet nichts; sie kennt nicht Tür
noch Riegel
Und dringt durch alles sich;
Sie ist ohn Anbeginn, schlug ewig ihre Flügel
Und schlägt sie ewiglich.

Der Tod und das Mädchen

Das Mädchen
Vorüber! Ach vorüber!
Geh wilder Knochenmann!
Ich bin noch jung, geh Lieber!
Und rühre mich nicht an.

Der Tod:
Gib deine Hand, du schön und zart Gebild!
Bin Freund, und komme nicht, zu strafen.
Sei gutes Muts! ich bin nicht wild,
Sollst sanft in meinen Armen schlafen!

Johann Georg Jacobi

1740-1814

Abend

Komm, Liebchen, es neigen
Die Wälder sich dir,
Und alles mit Schweigen
Erwartet dich hier.

Der Himmel, ich bitte,
Von Wölkchen wie leer!
Der Mond in der Mitte,
Die Sternlein umher!

Der Himmel im glatten
Umdämmerten Quell!
Dies Plätzchen im Schatten,
Dies andre so hell!

Im Schatten der Liebe
Dich lockendes Glück,
Dir flüsternd: es bliebe
Noch vieles zurück.

Es blieben der süßen
Geheimnisse viel,
So festes Umschließen,
So wonniges Spiel!

Da rauscht es! Da wanken
Auf jeglichem Baum
Die Äste, da schwanken
Die Vögel im Traum.

Dies Wanken, dies Zittern
Der Blätter im Teich –
O Liebe, dein Wittern!
O Liebe, dein Reich!

Friedrich Wilhelm Gotter

1746-1797

Lied in einer Sommernacht gesungen

Schlafe nicht! Die Liebe harrt, Amoene,
Wachsam noch auf deine Silbertöne.
Holde Ruh schwebt schattend auf der Flur;
Singe noch ein Schlaflied der Natur!

Ach! es schwieg schon lange Philomele;
Singe mir Entzücken in die Seele!
Sorgen fliehn mit flügelschnellem Lauf –
Löse mich in Lieb und Wollust auf!

Jeden Ton laß mich Berauschten trinken,
Schmachtend dann an deinen Busen sinken,
Bis die Flur mit lautem Dank erwacht
Und der Tag im güldnen Osten lacht!

Schlafe, mein Prinzchen!

Schlafe, mein Prinzchen! es ruhn
Schäfchen und Vögelchen nun.
Garten und Wiese verstummt,
Auch nicht ein Bienchen mehr summt;
Luna mit silbernem Schein
Gucket zum Fenster herein.
Schlafe beim silbernen Schein,
Schlafe, mein Prinzchen, schlaf ein!

Auch in dem Schlosse schon liegt
Alles in Schlummer gewiegt;
Reget kein Mäuschen sich mehr,
Keller und Küche sind leer.
Nur in der Zofe Gemach
Tönet ein schmelzendes Ach!
Was für ein Ach mag das sein?
Schlafe, mein Prinzchen, schlaf ein!

Wer ist beglückter als du?
Nichts als Vergnügen und Ruh!
Spielwerk und Zucker vollauf
Und noch Karessen im Kauf!
Alles besorgt und bereit,
Daß nur mein Prinzchen nicht schreit!
Was wird das künftig erst sein?
Schlafe, mein Prinzchen, schlaf ein!

Beruf zur Liebe

Unser süßester Beruf
Ist das Glück der Liebe;
Alles, was der Himmel schuf,
Fühlet ihre Triebe;
Wann umher der Käfer irrt,
Sucht er sich ein Weibchen;
Wann ein Tauber einsam girrt,
Locket er sein Täubchen.

Blumen öffnen ihre Brust
Lauen Abendwinden;
Epheu schlinget sich mit Lust

Um bemooste Linden;
Liebemurmelnd eilt der Bach,
Unter den Gebüschen,
Einem andern Bache nach,
Sich mit ihm zu mischen.

Liebe tönt der Sänger Heer
Von den Zweigen nieder;
Weibchen flattern um sie her,
Sträuben das Gefieder,
Locken, schmachten, und entfliehn
Schamhaft zu Gesträuchen,
Wo, mir zärtlichem Bemühn,
Männchen sie erreichen.

Seelen, die der Himmel schuf,
Fähig edler Triebe,
Folgt dem süßesten Beruf,
Schmeckt das Glück der Liebe!
Sie nur kann euch freudenreich
Diese Wallfahrt machen;
Sie nur führet lächelnd euch
Zu dem schwarzen Nachen.

Gottfried August Bürger

1747-1794

Des Pfarrers Tochter von Taubenhain

1

Im Garten des Pfarrers von Taubenhain
Geht's irre bei Nacht in der Laube.
Da flüstert und stöhnt's so ängstiglich;
Da rasselt, da flattert und sträubet es sich,
Wie gegen den Falken die Taube.

2

Es schleicht ein Flämmchen am Unkenteich,
Das flimmert und flammert so traurig.
Da ist ein Plätzchen, da wächst kein Gras;
Das wird vom Tau und vom Regen nicht naß;
Da wehen die Lüftchen so schaurig. –

3

Des Pfarrers Tochter von Taubenhain
War schuldlos, wie ein Täubchen.
Das Mädel war jung, war lieblich und fein,
Viel ritten der Freier nach Taubenhain,
Und wünschten Rosetten zum Weibchen. –

4

Von drüben herüber, von drüben herab,
Dort jenseits des Baches vom Hügel,
Blinkt stattlich ein Schloß auf das Dörfchen im Thal,
Die Mauern wie Silber, die Dächer wie Stahl,
Die Fenster wie brennende Spiegel.

5

Da trieb es der Junker von Falkenstein,
In Hüll' und in Füll' und in Freude.
Dem Jüngferchen lacht' in die Augen das Schloß,
Ihm lacht' in das Herzchen der Junker zu Roß,
Im funkelnden Jägergeschmeide. –

6

Er schrieb ihr ein Briefchen auf Seidenpapier,
Umrändelt mit goldenen Kanten.
Er schickt' ihr sein Bildnis, so lachend und hold,
Versteckt in ein Herzchen von Perlen und Gold;
Dabei war ein Ring mit Demanten. –

7

»Laß du sie nur reiten, und fahren und gehn!
Laß du sie sich werben zu schanden!
Rosettchen, dir ist wohl was Bessers beschert.
Ich achte des stattlichsten Ritters dich wert,
Beliehen mit Leuten und Landen.

8

Ich hab' ein gut Wörtchen zu kosen mit dir;
Das muß ich dir heimlich vertrauen.
Drauf hätt' ich gern heimlich erwünschten Bescheid.
Lieb Mädel, um Mitternacht bin ich nicht weit;
Sei wacker und laß dir nicht grauen!

9

Heut' mitternacht horch auf den Wachtelgesang,
Im Weizenfeld hinter dem Garten.
Ein Nachtigallmännchen wird locken die Braut,

Mit lieblichem tiefaufflötenden Laut;
Sei wacker und laß mich nicht warten!« –

10

Er kam in Mantel und Kappe vermummt,
Er kam um die Mitternachtstunde.
Er schlich, umgürtet mit Waffen und Wehr,
So leise, so lose, wie Nebel, einher,
Und stillte mit Brocken die Hunde.

11

Er schlug der Wachtel hellgellenden Schlag,
Im Weizenfeld hinter dem Garten.
Dann lockte das Nachtigallmännchen die Braut,
Mit lieblichem tiefaufflötenden Laut;
Und Röschen, ach! – ließ ihn nicht warten. –

12

Er wußte sein Wörtchen so traulich und süß
In Ohr und Herz ihr zu girren! –
Ach, Liebender Glauben ist willig und zahm!
Er sparte kein Locken, die schüchterne Scham
Zu seinem Gelüste zu kirren.

13

Er schwur sich bei allem, was heilig und hehr,
Auf ewig zu ihrem Getreuen.
Und als sie sich sträubte, und als er sie zog,
Vermaß er sich teuer, vermaß er sich hoch:
»Lieb Mädel, es soll dich nicht reuen!«

14

Er zog sie zur Laube, so düster und still,
Von blühenden Bohnen umdüftet.
Da pocht' ihr das Herzchen; da schwoll ihr die Brust;
Da wurde vom glühenden Hauche der Lust
Die Unschuld zu Tode vergiftet. – – –

15

Bald, als auf duftendem Bohnenbeet
Die rötlichen Blumen verblühten,
Da wurde dem Mädel so übel und weh;
Da bleichten die rosichten Wangen zu Schnee;
Die funkelnden Augen verglühten.

16

Und als die Schote nun allgemach
Sich dehnt' in die Breit' und Länge;
Als Erdbeer' und Kirsche sich rötet' und schwoll;
Da wurde dem Mädel das Brüstchen zu voll,
Das seidene Röckchen zu enge.

17

Und als die Sichel zu Felde ging,
Hub's an sich zu regen und strecken.
Und als der Herbstwind über die Flur,
Und über die Stoppel des Habers fuhr,
Da konnte sie's nicht mehr verstecken.

18

Der Vater, ein harter und zorniger Mann,
Schalt laut die arme Rosette:
»Hast du dir erbuhlt für die Wiege das Kind,

So hebe dich mir aus den Augen geschwind
Und schaff' auch den Mann dir ins Bette!«

19

Er schlang ihr fliegendes Haar um die Faust;
Er hieb sie mit knotigen Riemen.
Er hieb, das schallte so schrecklich und laut!
Er hieb ihr die samtene Lilienhaut
Voll schwellender blutiger Striemen.

20

Er stieß sie hinaus in der finstersten Nacht
Bei eisigem Regen und Winden.
Sie klimmt' am dornigen Felsen empor,
Und tappte sich fort, bis an Falkensteins Thor,
Dem Liebsten ihr Leid zu verkünden. –

21

»O weh mir, daß du mich zur Mutter gemacht,
Bevor du mich machtest zum Weibe!
Sieh her! Sieh her! Mit Jammer und Hohn
Trag' ich dafür nun den schmerzlichen Lohn,
An meinem zerschlagenen Leibe!«

22

Sie warf sich ihm bitterlich schluchzend ans Herz;
Sie bat, sie beschwur ihn mit Zähren:
»O mach es nun gut, was du übel gemacht!
Bist du es, der so mich in Schande gebracht,
So bring auch mich wieder zu Ehren!«

23

»Arm Närrchen, versetzt' er, das thut mir ja leid!
Wir wollen's am Alten schon rächen.
Erst gieb dich zufrieden und harre bei mir!
Ich will dich schon hegen und pflegen allhier.
Dann wollen wir's ferner besprechen.« –

24

»Ach, hier ist kein Säumen, kein Pflegen, noch Ruh'n!
Das bringt mich nicht wieder zu Ehren.
Hast du einst treulich geschworen der Braut,
So laß auch an Gottes Altare nun laut
Vor Priester und Zeugen es hören!«

25

»Ho, Närrchen, so hab' ich es nimmer gemeint!
Wie kann ich zum Weibe dich nehmen?
Ich bin ja entsprossen aus adligem Blut.
Nur Gleiches zu Gleichem gesellet sich gut;
Sonst müßte mein Stamm sich ja schämen.

26

Lieb Närrchen, ich halte dir's, wie ich's gemeint:
Mein Liebchen sollst immerdar bleiben.
Und wenn dir mein wackerer Jäger gefällt,
So laß ich's mir kosten ein gutes Stück Geld.
Dann können wir's ferner noch treiben.«

27

»Daß Gott dich! – du schändlicher, bübischer Mann! –
Daß Gott dich zur Hölle verdamme! –
Entehr' ich als Gattin dein adliges Blut,

Warum denn, o Bösewicht, war ich einst gut,
Für deine unehrliche Flamme?

28

So geh dann und nimm dir ein adliges Weib! –
Das Blättchen soll schrecklich sich wenden!
Gott siehet und höret und richtet uns recht.
So müsse dereinst dein niedrigster Knecht
Das adlige Bette dir schänden! –

29

Dann fühle, Verräter, dann fühle, wie's thut,
An Ehr' und an Glück zu verzweifeln!
Dann stoß an die Mauer die schändliche Stirn,
Und jag eine Kugel dir fluchend durchs Hirn!
Dann, Teufel, dann fahre zu Teufeln!« –

30

Sie riß sich zusammen, sie raffte sich auf,
Sie rannte verzweifelnd von hinnen,
Mit blutigen Füßen, durch Distel und Dorn,
Durch Moor und Geröhricht, vor Jammer und Zorn
Zerrüttet an allen fünf Sinnen.

31

»Wohin nun, wohin, o barmherziger Gott,
Wohin nun auf Erden mich wenden?« –
Sie rannte, verzweifelnd an Ehr' und an Glück,
Und kam in den Garten der Heimat zurück,
Ihr klägliches Leben zu enden.

32

Sie taumelt', an Händen und Füßen verklomt,
Sie kroch zur unseligen Laube;
Und jach durchzuckte sie Weh auf Weh,
Auf ärmlichem Lager, bestreuet mit Schnee,
Von Reisicht und rasselndem Laube.

33

Es wand ihr ein Knäbchen sich weinend vom Schoß,
Bei wildem unsäglichen Schmerze.
Und als das Knäbchen geboren war,
Da riß sie die silberne Nadel vom Haar,
Und stieß sie dem Knaben ins Herze.

34

Erst, als sie vollendet die blutige That,
Mußt' ach! ihr Wahnsinn sich enden.
Kalt wehten Entsetzen und Grausen sie an. –
»O Jesu, mein Heiland, was hab' ich gethan?«
Sie wand sich das Bast von den Händen.

35

Sie kratzte mit blutigen Nägeln ein Grab,
Am schilfigen Unkengestade.
»Da ruh du, mein Armes, da ruh nun in Gott,
Geborgen auf immer vor Elend und Spott!
Mich hacken die Raben vom Rade!« – –

36

Das ist das Flämmchen am Unkenteich;
Das flimmert und flammert so traurig.
Das ist das Plätzchen, da wächst kein Gras;

Das wird vom Tau und vom Regen nicht naß!
Da wehen die Lüftchen so schaurig!

37

Hoch hinter dem Garten vom Rabenstein,
Hoch über dem Steine vom Rade
Blickt, hohl und düster, ein Schädel herab,
Das ist ihr Schädel, der blicket aufs Grab,
Drei Spannen lang an dem Gestade.

38

Allnächtlich herunter vom Rabenstein,
Allnächtlich herunter vom Rade
Huscht bleich und molkicht ein Schattengesicht,
Will löschen das Flämmchen, und kann es doch nicht,
Und wimmert am Unkengestade.

Gabriele

O wie schön ist Gabriele,
O wie schön, an Seel' und Leib!
Öfters ahndet meiner Seele,
Diese sei kein Erdenweib.
Fast verklärt, wie Himmelsbräute,
Ist sie fehllos ganz und gar.
Heiliger und schöner war
Nur die Hochgebenedeite
Die den Heiland uns gebar.

An die Menschengesichter

Ich habe was Liebes, das hab ich zu lieb;
Was kann ich, was kann ich dafür?
Drum sind mir die Menschengesichter nicht hold:
Doch spinn ich ja leider nicht Seide, noch Gold,
Ich spinne nur Herzeleid mir.

Auch mich hat was Liebes im Herzen zu lieb;
Was kann es, was kann es fürs Herz?
Auch ihm sind die Menschengesichter nicht hold:
Doch spinnt es ja leider nicht Seide noch Gold,
Es spinnt sich nur Elend und Schmerz.

Wir seufzen und sehnen, wir schmachten uns nach,
Wir sehnen und seufzen uns krank.
Die Menschengesichter verargen uns das;
Sie reden, sie tun uns bald dies und bald das,
Und schmieden uns Fessel und Zwang.

Wenn ihr für die Leiden der Liebe was könnt,
Gesichter, so gönnen wirs euch.
Wenn wir es nicht können, so irr es euch nicht!
Wir können, ach leider! wir können es nicht,
Nicht für das mongolische Reich!

Wir irren und quälen euch andre ja nicht;
Wir quälen ja uns nur allein.
Drum, Menschengesichter, wir bitten euch sehr,
Drum laßt uns gewähren und quält uns nicht mehr,
O laßt uns gewähren allein!

Was dränget ihr euch um die Kranken herum,
Und scheltet und schnarchet sie an?
Von Schelten und Schnarchen genesen sie nicht.
Man liebet ja Tugend, man übet ja Pflicht;
Doch keiner tut mehr, als er kann.

Die Sonne, sie leuchtet; sie schattet, die Nacht;
Hinab will der Bach, nicht hinan;
Der Sommerwind trocknet; der Regen macht naß;
Das Feuer verbrennet. – Wie hindert ihr das? –
O laßt es gewähren, wies kann!

Es hungert den Hunger, es dürstet den Durst;
Sie sterben von Nahrung entfernt.
Naturgang wendet kein Aber und Wenn. –
O Menschengesichter, wie zwinget ihrs denn,
Daß Liebe zu lieben verlernt?

Leopold Friedrich Günther von Goeckingh

1748-1828

Nach dem ersten nächtlichen Besuche

Bin ich nüchtern, bin ich trunken?
Wach ich, oder träum ich nur?
Bin ich aus der Welt gesunken?
Bin ich anderer Natur?
Fühlt ein Mädchen schon so was?
Wie begreif ich alles das?

Weiß ich, daß die Rosen blühen?
Hör ich jene Raben schrein?
Fühl ich, wie die Wangen glühen?
Schmeck ich einen Tropfen Wein?
Seh ich dieses Morgenrot?
Tot sind alle Sinnen, tot!

Alle seid ihr denn gestillet?
Alle? Habet alle Dank!
Könnt ich so in mich gehüllet,
Ohne Speis und ohne Trank,
Nur so sitzen Tag für Tag
Bis zum letzten Herzensschlag.

In die Nacht der Freude fliehet
Meine Seele wieder hin!
Hört und schmeckt, und fühlt und siehet
Mit dem feinem innrem Sinn!
O Gedächtnis! schon in dir
Liegt ein ganzer Himmel mir!

Worte, wie sie abgerissen
Kaum ein Seufzer von ihm stieß,
Hör ich wieder, fühl ihn küssen:
Welche Sprache sagt, wie süß?
Seh ein Tränchen – Komm herab!
Meine Lippe küßt dich ab!

Wie ich noch so vor ihm stehe,
Immer spreche: Gute Nacht!
Bald ihn stockend wieder flehe:
Bleibe, bis der Hahn erwacht!
Wie mein Fuß bei jedem Schritt
Wanket, und mein Liebster mit!

Wie ich nun, an seine Seite
Festgeklammert, küssend ihn
Durch den Garten hin begleite!
Bald uns halten, bald uns ziehn!
Wie da Mond und Sterne stehn
Unserm Abschied zuzusehn.

Ach da sind wir an der Türe!
Bebend hält er in der Hand
Schon den Schlüssel. – Wart ich spüre
Jemand gehen, Amarant!
Warte nur das bißchen doch!
Einen Kuß zum Abschied noch!

Ich verliere, ich verliere
Mich in diesem Labyrinth!
Traumt ich je, daß ich erführe
Was für Freuden, Freuden sind?
Wenn die Freude töten kann,
Triffst du nie mich wieder an.

An den Mond

Lieber Mond! Verstecke dich,
Wenn mein Liebster zu mir fliegt,
Daß die Neugier müde sich
Auf dem platten Bauche liegt.

Lieber Mond! verstecke dich,
Wenn zu viel mein Auge sagt,
Denn wer ist so schwach, wie ich?
Lieber keinen Streit gewagt!

Lieber Mond! verstecke dich,
Wenn er meine Lippen küßt;
Denn ich Arme schäme mich,
Ob er gleich ein Engel ist.

Lieber Mond! verstecke dich,
Wenn die Abschiedsstunde schlägt,
Daß bei meinem Kummer sich
Nicht das Herz in ihm bewegt.

Lieber Mond! verstecke dich,
Wenn zurück mein Liebster kehrt,
Bis du – was klingt süßer? sprich!
Seiner Flöte Ton gehört!

Johann Wolfgang Goethe

1749-1832

An den Mond

Schwester von dem ersten Licht,
Bild der Zärtlichkeit in Trauer!
Nebel schwimmt mit Silberschauer
Um dein reizendes Gesicht.
Deines leisen Fußes Lauf
Weckt aus Tagverschloßnen Höhlen
Traurig abgeschiedne Seelen,
Mich, und nächt'ge Vögel auf.

Forschend übersieht dein Blick
Eine großgemeßne Weite!
Hebe mich an deine Seite,
Gib der Schwärmerei dies Glück!
Und in wollustvoller Ruh,
Säh der weitverschlagne Ritter
Durch das gläserne Gegitter,
Seines Mädgens Nächten zu.

Dämmrung wo die Wollust thront,
Schwimmt um ihre runden Glieder.
Trunken sinkt mein Blick hernieder.
Was verhüllt man wohl dem Mond.
Doch, was das für Wünsche sind!
Voll Begierde zu genießen,
So da droben hängen müssen:
Ei, da schieltest du dich blind.

Ob ich Dich liebe, weiß ich nicht

Ob ich Dich liebe weiß ich nicht:
Seh ich nur einmal dein Gesicht,
Seh Dir in's Auge nur einmal,
Frei wird mein Herz von aller Qual;
Gott weiß, wie mir so wohl geschicht!
Ob ich Dich liebe, weiß ich nicht.

Heidenröslein

Sah ein Knab' ein Röslein stehn,
Röslein auf der Heiden,
War so jung und morgenschön,
Lief er schnell es nah zu sehn,
Sah's mit vielen Freuden.
Röslein, Röslein, Röslein rot,
Röslein auf der Heiden.

Knabe sprach: ich breche dich,
Röslein auf der Heiden!
Röslein sprach: ich steche dich,
Daß du ewig denkst an mich,
Und ich will's nicht leiden.
Röslein, Röslein, Röslein rot,
Röslein auf der Heiden.

Und der wilde Knabe brach
's Röslein auf der Heiden;
Röslein wehrte sich und stach,
Half ihr doch kein Weh und Ach,
Mußt es eben leiden.

Röslein, Röslein, Röslein rot,
Röslein auf der Heiden.

Mignon

Kennst du das Land? wo die Citronen blühn,
Im dunkeln Laub die Gold-Orangen glühn,
Ein sanfter Wind vom blauen Himmel weht,
Die Myrte still und hoch der Lorbeer steht,
Kennst du es wohl?
Dahin! Dahin
Möcht' ich mit dir, o mein Geliebter, ziehn.

Kennst du das Haus? Auf Säulen ruht sein Dach,
Es glänzt der Saal, es schimmert das Gemach,
Und Marmorbilder stehn und sehn mich an:
Was hat man dir, du armes Kind, getan?
Kennst du es wohl?
Dahin! Dahin
Möcht' ich mit dir, o mein Beschützer, ziehn.

Kennst du den Berg, und seinen Wolkensteg?
Das Maultier sucht im Nebel seinen Weg;
In Höhlen wohnt der Drachen alte Brut;
Es stürzt der Fels und über ihn die Flut.
Kennst du ihn wohl?
Dahin! Dahin
Geht unser Weg! o Vater, laß uns ziehn!

Nur, wer die Sehnsucht kennt

Nur, wer die Sehnsucht kennt,
Weiß, was ich leide!
Allein und abgetrennt
Von aller Freude,
Seh ich ans Firmament
Nach jener Seite.
Ach, der mich liebt und kennt;
Ist in der Weite.
Es schwindelt mir, es brennt
Mein Eingeweide.
Nur, wer die Sehnsucht kennt,
Weiß, was ich leide!

Nähe des Geliebten

Ich denke dein, wenn mir der Sonne Schimmer
  Vom Meere strahlt;
Ich denke dein, wenn sich des Mondes Flimmer
  In Quellen malt.

Ich sehe dich, wenn auf dem fernen Wege
  Der Staub sich hebt;
In tiefer Nacht, wenn auf dem schmalen Stege
  Der Wandrer bebt.

Ich höre dich, wenn dort mit dumpfem Rauschen
  Die Welle steigt.
Im stillen Haine geh' ich oft zu lauschen,
  Wenn alles schweigt.

Ich bin bei dir; du seist auch noch so ferne,
Du bist mir nah!
Die Sonne sinkt; bald leuchten mir die Sterne.
O, wärst du da!

Die Liebende abermals

Warum ich wieder zum Papier mich wende?
Das mußt du, Liebster, so bestimmt nicht fragen:
Denn eigentlich hab' ich dir nichts zu sagen;
Doch kommt's zuletzt in deine lieben Hände.

Weil ich nicht kommen kann, soll was ich sende
Mein ungeteiltes Herz hinüber tragen
Mit Wonnen, Hoffnungen, Entzücken, Plagen:
Das alles hat nicht Anfang, hat nicht Ende.

Ich mag vom heut'gen Tag dir nichts vertrauen,
Wie sich im Sinnen, Wünschen, Wähnen, Wollen
Mein treues Herz zu dir hinüber wendet,

So stand ich einst vor dir, dich anzuschauen
Und sagte nichts. Was hätt' ich sagen sollen?
Mein ganzes Wesen war in sich vollendet.

Phänomen

Wenn zu der Regenwand
Phöbus sich gattet,
Gleich steht ein Bogenrand
Farbig beschattet.

Im Nebel gleichen Kreis
Seh ich gezogen,
Zwar ist der Bogen weiß,
Doch Himmelsbogen.

So sollst du, muntrer Greis,
Dich nicht betrüben,
Sind gleich die Haare weiß,
Doch wirst du lieben.

Lesebuch

Wunderlichstes Buch der Bücher
Ist das Buch der Liebe;
Aufmerksam hab' ich's gelesen:
Wenig Blätter Freuden,
Ganze Hefte Leiden,
Einen Abschnitt macht die Trennung.
Wiedersehn! ein klein Kapitel
Fragmentarisch. Bände Kummers
Mit Erklärungen verlängert,
Endlos ohne Maß.
O! Nisami! – doch am Ende
Hast den rechten Weg gefunden;
Unauflösliches wer löst es?
Liebende sich wieder findend.

Allgegenwärtige

In tausend Formen magst du dich verstecken,
Doch, Allerliebste, gleich erkenn ich dich;
Du magst mit Zauberschleiern dich bedecken,
Allgegenwärtige, gleich erkenn ich dich.

An der Zypresse reinstem, jungem Streben,
Allschöngewachsne, gleich erkenn ich dich;
In des Kanales reinem Wellenleben,
Allschmeichelhafte, wohl erkenn ich dich.

Wenn steigend sich der Wasserstrahl entfaltet,
Allspielende, wie froh erkenn ich dich;
Wenn Wolke sich gestaltend umgestaltet,
Allmannigfaltige, dort erkenn ich dich.

An des geblümten Schleiers Wiesenteppich,
Allbuntbesternte, schön erkenn ich dich;
Und greift umher ein tausendarmger Eppich,
O Allumklammernde, da kenn ich dich.

Wenn am Gebirg der Morgen sich entzündet,
Gleich, Allerheiternde, begrüß ich dich;
Dann über mir der Himmel rein sich ründet,
Allherzerweiternde, dann atm ich dich.

Was ich mit äußerm Sinn, mit innerm kenne,
Du Allbelehrende, kenn ich durch dich;
Und wenn ich Allahs Namenhundert nenne,
Mit jedem klingt ein Name nach für dich.

Sehnsucht

Was zieht mir das Herz so?
Was zieht mich hinaus?
Und windet und schraubt mich
Aus Zimmer und Haus?
Wie dort sich die Wolken
Um Felsen verziehn!
Da möcht ich hinüber,
Da möcht ich wohl hin!

Nun wiegt sich der Raben
Geselliger Flug;
Ich mische mich drunter
Und folge dem Zug.
Und Berg und Gemäuer
Umfittichen wir:
Sie weilet da drunten,
Ich spähe nach ihr.

Da kommt sie und wandelt!
Ich eile so bald,
Ein singender Vogel,
Zum buschichten Wald.
Sie weilet und horchet
Und lächelt mit sich:
»Er singet so lieblich
Und singt es an mich.«

Die scheidende Sonne
Verguldet die Höhn;
Die sinnende Schöne,
Sie läßt es geschehn.

Sie wandelt am Bache
Die Wiesen entlang,
Und finster und finstrer
Umschlingt sich der Gang.

Auf einmal erschein ich,
Ein blinkender Stern.
»Was glänzet da droben,
So nah und so fern?«
Und hast du mit Staunen
Das Leuchten erblickt:
Ich lieg dir zu Füßen,
Da bin ich beglückt!

Friedrich Schiller

1759-1805

Das Mädchen aus der Fremde

In einem Tal bei armen Hirten
Erschien mit jedem jungen Jahr,
Sobald die ersten Lerchen schwirrten,
Ein Mädchen, schön und wunderbar.

Sie war nicht in dem Tal geboren,
Man wußte nicht, woher sie kam,
Und schnell war ihre Spur verloren,
Sobald das Mädchen Abschied nahm.

Beseligend war ihre Nähe,
Und alle Herzen wurden weit,
Doch eine Würde, eine Höhe
Entfernte die Vertraulichkeit.

Sie brachte Blumen mit und Früchte,
Gereift auf einer andern Flur,
In einem andern Sonnenlichte,
In einer glücklichern Natur,

Und teilte jedem eine Gabe,
Dem Früchte, jenem Blumen aus,
Der Jüngling und der Greis am Stabe,
Ein jeder ging beschenkt nach Haus.

Willkommen waren alle Gäste,
Doch nahte sich ein liebend Paar,
Dem reichte sie der Gaben beste,
Der Blumen allerschönste dar.

Friedrich Hölderlin

1770-1843

Lebenslauf

Hoch auf strebte mein Geist, aber die Liebe zog
Schön ihn nieder; das Leid beugt ihn gewaltiger;
So durchlauf ich des Lebens
Bogen und kehre, woher ich kam.

Hälfte des Lebens

Mit gelben Birnen hänget
Und voll mit wilden Rosen
Das Land in den See,
Ihr holden Schwäne,
Und trunken von Küssen
Tunkt ihr das Haupt
Ins heilignüchterne Wasser.

Weh mir, wo nehm' ich, wenn
Es Winter ist, die Blumen, und wo
Den Sonnenschein,
Und Schatten der Erde?
Die Mauern stehn
Sprachlos und kalt, im Winde
Klirren die Fahnen.

Ludwig Tieck

1773-1853

Wunder der Liebe
Glosse

Mondbeglänzte Zaubernacht,
Die den Sinn gefangen hält,
Wundervolle Märchenwelt,
Steig auf in der alten Pracht!

Liebe läßt sich suchen, finden,
Niemals lernen oder lehren,
Wer da will die Flamm entzünden,
Ohne selbst sich zu verzehren,
Muß sich reinigen der Sünden.
Alles schläft, weil er noch wacht,
Wann der Stern der Liebe lacht,
Goldne Augen auf ihn blicken,
Schaut er trunken von Entzücken
Mondbeglänzte Zaubernacht.

Aber nie darf er erschrecken,
Wenn sich Wolken dunkel jagen,
Finsternis die Sterne decken,
Kaum der Mond es noch will wagen,
Einen Schimmer zu erwecken.
Ewig steht der Liebe Zelt,
Von dem eignen Licht erhellt,
Aber Mut nur kann zerbrechen,
Was die Furcht will ewig schwächen,
Die den Sinn gefangen hält.

Keine Liebe hat gefunden,
Dem ein trüber Ernst beschieden,
Flüchtig sind die goldnen Stunden,
Welche immer den vermieden,
Den die bleiche Sorg umwunden:
Wer die Schlange an sich hält,
Dem ist Schatten vorgestellt,
Alles was die Dichter sangen,
Nennt der Arme, eingefangen,
Wundervolle Märchenwelt.

Herz, im Glauben auferblühend,
Fühlt alsbald die goldnen Scheine,
Die es lieblich in sich ziehend
Macht zu eigen sich und seine,
In der schönsten Flamme glühend.
Ist das Opfer angefacht,
Wird's dem Himmel dargebracht;
Hat dich Liebe angenommen,
Auf dem Altar hell entglommen,
Steig auf in der alten Pracht.

Clemens Brentano

1778-1842

Liebesnacht im Haine

Um uns her der Waldnacht heilig' Rauschen
Und der Büsche abendlich' Gebet,
Seh ich dich so lieblich bange lauschen,
Wenn der West durch dürre Blätter weht.

Und es ist so traulich dann, so stille
Wenn ihr zarter Arm mich fest umschlingt
Und ein einz'ger liebevoller Wille
Unsrer Seelen Zwillingspaar durchdringt.

Fest an dich gebannt, in dich verloren,
Zähle ich an deines Herzens Schlag
Liebesstammelnd jeden Schritt der Horen.
Scheidend küsset uns der junge Tag.

Was reif in diesen Zeilen steht

Was reif in diesen Zeilen steht,
Was lächelnd winkt und sinnend fleht,
Das soll kein Kind betrüben,
Die Einfalt hat es ausgesät,
Die Schwermut hat hindurchgeweht,
Die Sehnsucht hat's getrieben;
Und ist das Feld einst abgemäht,
Die Armut durch die Stoppeln geht,
Sucht Ähren, die geblieben,

Sucht Lieb, die für sie untergeht,
Sucht Lieb, die mit ihr aufersteht,
Sucht Lieb, die sie kann lieben,
Und hat sie einsam und verschmäht
Die Nacht durch, dankend in Gebet,
Die Körner ausgerieben,
Liest sie, als früh der Hahn gekräht,
Was Lieb erhielt, was Leid verweht,
Ans Feldkreuz angeschrieben,
O Stern und Blume, Geist und Kleid,
Lieb, Leid und Zeit und Ewigkeit!

Sophie Brentano

1770-1806

Feuerfarb

Ich weiß eine Farbe, der bin ich so hold,
die achte ich höher als Silber und Gold,
die trag' ich so gerne um Stirn und Gewand,
und habe sie *Farbe der Wahrheit* genannt.

Wohl reizet die Rose mit sanfter Gewalt;
doch bald ist verblichen die süße Gestalt:
drum ward sie zur Blume der *Liebe* geweiht;
bald schwindet ihr Zauber vom Hauche der Zeit.

Die Bläue des Himmels strahlt herrlich und mild;
drum gab man der *Treue* dies freundliche Bild.
Doch trübet manch Wölkchen den Äther so rein;
so schleichen beim Treuen oft Sorgen sich ein.

Die Farbe des Schnees, so strahlend und licht,
heißt Farbe der *Unschuld*; doch dauert sie nicht.
Bald ist es verdunkelt, das blendende Kleid:
So trüben auch Unschuld Verleumdung und Neid.

Und Frühlings, von schmeichelnden Lüftchen
entbrannt,
trägt Wäldchen und Wiese der *Hoffnung* Gewand.
Bald welken die Blätter und sinken hinab:
so sinkt oft der Hoffnungen liebste ins Grab.

Nur *Wahrheit* bleibt ewig, und wandelt sich nicht:
sie flammt wie der Sonne alleuchtendes Licht.
Ihr hab' ich mich ewig zu eigen geweiht.
Wohl dem, der ihr blitzendes Auge nicht scheut!

Warum ich, so fragt ihr, der Farbe so hold,
den heiligen Namen der *Wahrheit* gezollt? –
Weil flammender Schimmer von ihr sich ergießt,
und ruhige Dauer sie schützend umschließt.

Karoline von Günderode

1780-1806

Die eine Klage

Wer die tiefste aller Wunden
Hat in Geist und Sinn empfunden,
Bittrer Trennung Schmerz;
Wer geliebt, was er verloren,
Lassen muß, was er erkoren,
Das geliebte Herz,

Der versteht in Lust die Tränen
Und der Liebe ewig Sehnen,
Eins in zwei zu sein,
Eins im andern sich zu finden,
Daß der Zweiheit Grenzen schwinden
Und des Daseins Pein.

Wer so ganz in Herz und Sinnen
Konnt' ein Wesen liebgewinnen,
Oh! den tröstet's nicht,
Daß für Freuden, die verloren,
Neue werden neu geboren:
Jene sind's doch nicht.

Das geliebte süße Leben,
Dieses Nehmen und dies Geben,
Wort und Sinn und Blick,
Dieses Suchen und dies Finden,
Dieses Denken und Empfinden
Gibt kein Gott zurück.

Joseph Freiherr von Eichendorff

1788-1857

Sehnsucht

Es schienen so golden die Sterne,
Am Fenster ich einsam stand
Und hörte aus weiter Ferne
Ein Posthorn im stillen Land.
Das Herz mir im Leib entbrennte,
Da hab' ich mir heimlich gedacht:
Ach wer da mitreisen könnte
In der prächtigen Sommernacht!

Zwei junge Gesellen gingen
Vorüber am Bergeshang,
Ich hörte im Wandern sie singen
Die stille Gegend entlang:
Von schwindelnden Felsenschlüften,
Wo die Wälder rauschen so sacht,
Von Quellen, die von den Klüften
Sich stürzen in die Waldesnacht.

Sie sangen von Marmorbildern,
Von Gärten, die über'm Gestein
In dämmernden Lauben verwildern,
Palästen im Mondenschein,
Wo die Mädchen am Fenster lauschen,
Wann der Lauten Klang erwacht
Und die Brunnen verschlafen rauschen
In der prächtigen Sommernacht. –

Neue Liebe

Herz, mein Herz, warum so fröhlich,
So voll Unruh' und zerstreut,
Als käm' über Berge selig
Schon die schöne Frühlingszeit?

Weil ein liebes Mädchen wieder
Herzlich an dein Herz sich drückt,
Schaust du fröhlich auf und nieder,
Erd' und Himmel dich erquickt.

Und ich hab' die Fenster offen,
Neu zieh in die Welt hinein
Altes Bangen, altes Hoffen!
Frühling, Frühling soll es sein!

Still kann ich hier nicht mehr bleiben,
Durch die Brust ein Singen irrt,
Doch zu licht ist's mir zum Schreiben,
Und ich bin so froh verwirrt.

Also schlendr' ich durch die Gassen,
Menschen gehen her und hin,
Weiß nicht, was ich tu und lasse,
Nur, daß ich so glücklich bin.

August Graf von Platen

1796-1835

Tristan

Wer die Schönheit angeschaut mit Augen,
Ist dem Tode schon anheimgegeben,
Wird für keinen Dienst auf Erden taugen,
Und doch wird er vor dem Tode beben,
Wer die Schönheit angeschaut mit Augen!

Ewig währt für ihn der Schmerz der Liebe,
Denn ein Tor nur kann auf Erden hoffen,
Zu genügen einem solchen Triebe:
Wen der Pfeil des Schönen je getroffen,
Ewig währt für ihn der Schmerz der Liebe!

Ach, er möchte wie ein Quell versiechen,
Jedem Hauch der Luft ein Gift entsaugen
Und den Tod aus jeder Blume riechen:
Wer die Schönheit angeschaut mit Augen,
Ach, er möchte wie ein Quell versiechen!

Annette von Droste-Hülshoff

1797-1848

Im Grase

Süße Ruh, süßer Taumel im Gras,
Von des Krautes Arome umhaucht,
Tiefe Flut, tief tief trunkne Flut,
Wenn die Wolk am Azure verraucht,
Wenn aufs müde, schwimmende Haupt
Süßes Lachen gaukelt herab,
Liebe Stimme säuselt und träuft
Wie die Lindenblüt auf ein Grab.

Wenn im Busen die Toten dann,
Jede Leiche sich streckt und regt,
Leise, leise den Odem zieht,
Die geschloßne Wimper bewegt,
Tote Lieb, tote Lust, tote Zeit,
All die Schätze, im Schutt verwühlt,
Sich berühren mit schüchternem Klang
Gleich den Glöckchen, vom Winde umspielt.

Stunden, flüchtger ihr als der Kuß
Eines Strahls auf den trauernden See,
Als des ziehenden Vogels Lied,
Das mir nieder perlt aus der Höh,
Als des schillernden Käfers Blitz,
Wenn den Sonnenpfad er durcheilt,
Als der heiße Druck einer Hand,
Die zum letzten Male verweilt.

Dennoch, Himmel, immer mir nur
Dieses eine mir: für das Lied
Jedes freien Vogels im Blau
Eine Seele, die mit ihm zieht,
Nur für jeden kärglichen Strahl
Meinen farbig schillernden Saum,
Jeder warmen Hand meinen Druck,
Und für jedes Glück meinen Traum.

Heinrich Heine

1797-1856

Im wunderschönen Monat Mai

Im wunderschönen Monat Mai
Als alle Knospen sprangen,
Da ist in meinem Herzen
Die Liebe aufgegangen.

Im wunderschönen Monat Mai,
Als alle Vögel sangen,
Da hab ich ihr gestanden
Mein Sehnen und Verlangen.

Sie saßen und tranken am Teetisch

Sie saßen und tranken am Teetisch,
Und sprachen von Liebe viel.
Die Herren die waren ästhetisch,
Die Damen von zartem Gefühl.

Die Liebe muß sein platonisch,
Der dürre Hofrat sprach.
Die Hofrätin lächelt ironisch,
Und dennoch seufzet sie: Ach!

Der Domherr öffnet den Mund weit:
Die Liebe sei nicht zu roh,
Sie schadet sonst der Gesundheit,
Das Fräulein lispelt: Wieso?

Die Gräfin spricht wehmütig:
Die Liebe ist eine Passion!
Und präsentieret gütig
Die Tasse dem Herren Baron.

Am Tische war noch ein Plätzchen;
Mein Liebchen, da hast du gefehlt.
Du hättest so hübsch, mein Schätzchen,
Von deiner Liebe erzählt.

Ein Jüngling liebt ein Mädchen

Ein Jüngling liebt ein Mädchen
Die hat einen andern erwählt;
Der andre liebt eine andre
Und hat sich mit dieser vermählt.

Das Mädchen heiratet aus Ärger
Den ersten besten Mann,
Der ihr in den Weg gelaufen;
Der Jüngling ist übel dran.

Es ist eine alte Geschichte,
Doch bleibt sie immer neu;
Und wem sie just passieret,
Dem bricht das Herz entzwei.

Die Lore-Ley

Ich weiß nicht, was soll es bedeuten,
Daß ich so traurig bin;
Ein Märchen aus alten Zeiten,
Das kommt mir nicht aus dem Sinn.

Die Luft ist kühl und es dunkelt,
Und ruhig fließt der Rhein;
Der Gipfel des Berges funkelt
Im Abendsonnenschein.

Die schönste Jungfrau sitzet
Dort oben wunderbar;
Ihr goldnes Geschmeide blitzet,
Sie kämmt ihr goldenes Haar.

Sie kämmt es mit goldenem Kamme
Und singt ein Lied dabei;
Das hat eine wundersame,
Gewaltige Melodei.

Den Schiffer im kleinen Schiffe
Ergreift es mit wildem Weh;
Er schaut nicht die Felsenriffe,
Er schaut nur hinauf in die Höh.

Ich glaube, die Wellen verschlingen
Am Ende Schiffer und Kahn;
Und das hat mit ihrem Singen
Die Lore-Ley getan.

Nikolaus Lenau

1802-1850

Liebesfeier

An ihren bunten Liedern klettert
Die Lerche selig in die Luft;
Ein Jubelchor von Sängern schmettert
Im Walde, voller Blüt und Duft.

Da sind, so weit die Blicke gleiten,
Altäre festlich aufgebaut,
Und all die tausend Herzen läuten
Zur Liebesfeier dringend laut.

Der Lenz hat Rosen angezündet
An Leuchtern von Smaragd im Dom;
Und jede Seele schwillt und mündet
Hinüber in den Opferstrom.

Der Postillon

Lieblich war die Maiennacht,
Silberwölklein flogen,
Ob der holden Frühlingspracht
Freudig hingezogen.

Schlummernd lagen Wies und Hain,
Jeder Pfad verlassen;
Niemand als der Mondenschein
Wachte auf der Straßen.

Leise nur das Lüftchen sprach,
Und es zog gelinder
Durch das stille Schlafgemach
All der Frühlingskinder.

Heimlich nur das Bächlein schlich,
Denn der Blüten Träume
Dufteten gar wonniglich
Durch die stillen Räume.

Rauher war mein Postillon,
Ließ die Geißel knallen,
Über Berg und Tal davon
Frisch sein Horn erschallen.

Und von flinken Rossen vier
Scholl der Hufe Schlagen,
Die durchs blühende Revier
Trabten mit Behagen.

Wald und Flur im schnellen Zug
Kaum gegrüßt – gemieden;
Und vorbei, wie Traumesflug,
Schwand der Dörfer Frieden.

Mitten in dem Maienglück
Lag ein Kirchhof innen,
Der den raschen Wanderblick
Hielt zu ernstem Sinnen.

Hingelehnt an Bergesrand
War die bleiche Mauer,
Und das Kreuzbild Gottes stand
Hoch, in stummer Trauer.

Schwager ritt auf seiner Bahn
Stiller jetzt und trüber;
Und die Rosse hielt er an,
Sah zum Kreuz hinüber:

»Halten muß hier Roß und Rad,
Mag's euch nicht gefährden:
Drüben liegt mein Kamerad
In der kühlen Erden!

Ein gar herzlieber Gesell!
Herr, 's ist ewig schade!
Keiner blies das Horn so hell
Wie mein Kamerade!

Hier ich immer halten muß,
Dem dort unterm Rasen
Zum getreuen Brudergruß
Sein Leiblied zu blasen!«

Und dem Kirchhof sandt er zu
Frohe Wandersänge,
Daß es in die Grabesruh
Seinem Bruder dränge.

Und des Hornes heller Ton
Klang vom Berge wieder,
Ob der tote Postillon
Stimmt' in seine Lieder. –

Weiter ging's durch Feld und Hag
Mit verhängtem Zügel;
Lang mir noch im Ohre lag
Jener Klang vom Hügel.

Eduard Mörike

1804-1875

An die Geliebte

Wenn ich, von deinem Anschaun tief gestillt,
Mich stumm an deinem heilgen Wert vergnüge,
Dann hör ich recht die leisen Atemzüge
Des Engels, welcher sich in dir verhüllt,

Und ein erstaunt, ein fragend Lächeln quillt
Auf meinem Mund, ob mich kein Traum betrüge,
Daß nun in dir, zu ewiger Genüge,
Mein kühnster Wunsch, mein einzger, sich erfüllt.

Von Tiefe dann zu Tiefen stürzt mein Sinn,
Ich höre aus der Gottheit nächtger Ferne
Die Quellen des Geschicks melodisch rauschen.

Betäubt kehr ich den Blick nach oben hin,
Zum Himmel auf – da lächeln alle Sterne;
Ich kniee, ihrem Lichtgesang zu lauschen.

Verborgenheit

Laß, o Welt, o laß mich sein!
Locket nicht mit Liebesgaben,
Laßt dies Herz alleine haben
Seine Wonne, seine Pein!

Was ich traure weiß ich nicht,
Es ist unbekanntes Wehe;
Immerdar durch Tränen sehe
Ich der Sonne liebes Licht.

Oft bin ich mir kaum bewußt,
Und die helle Freude zücket
Durch die Schwere, so mich drücket
Wonniglich in meiner Brust.

Laß, o Welt, o laß mich sein!
Locket nicht mit Liebesgaben,
Laßt dies Herz alleine haben
Seine Wonne, seine Pein!

Das verlassene Mägdlein

Früh, wann die Hähne krähn,
Eh die Sternlein verschwinden,
Muß ich am Herde stehn,
Muß Feuer zünden.

Schön ist der Flammen Schein,
Es springen die Funken;
Ich schaue so drein,
In Leid versunken.

Plötzlich, da kommt es mir,
Treuloser Knabe,
Daß ich die Nacht von dir
Geträumet habe.

Träne auf Träne dann
Stürzet hernieder;
So kommt der Tag heran –
O ging er wieder!

Friedrich Hebbel

1813-1863

Ich und Du

Wir träumten voneinander
Und sind davon erwacht,
Wir leben, um uns zu lieben,
Und sinken zurück in die Nacht.

Du tratst aus meinem Traume,
Aus deinem trat ich hervor,
Wir sterben, wenn sich eines
Im andern ganz verlor.

Auf einer Lilie zittern
Zwei Tropfen, rein und rund,
Zerfließen in eins und rollen
Hinab in des Kelches Grund.

Sommerbild

Ich sah des Sommers letzte Rose stehn,
  Sie war, als ob sie bluten könne, rot;
Da sprach ich schauernd im Vorübergehn:
  So weit im Leben, ist zu nah am Tod!

Es regte sich kein Hauch am heißen Tag,
  Nur leise strich ein weißer Schmetterling;
Doch, ob auch kaum die Luft sein Flügelschlag
  Bewegte, sie empfand es und verging.

Theodor Storm

1817-1888

Wer je gelebt in Liebesarmen

Wer je gelebt in Liebesarmen,
Der kann im Leben nie verarmen;
Und müßt er sterben fern, allein,
Er fühlte noch die sel'ge Stunde,
Wo er gelebt an ihrem Munde,
Und noch im Tode ist sie sein.

Hyazinthen

Fern hallt Musik; doch hier ist stille Nacht,
Mit Schlummerduft anhauchen mich die Pflanzen;
Ich habe immer, immer dein gedacht,
Ich möchte schlafen; aber du mußt tanzen.

Es hört nicht auf, es rast ohn Unterlaß;
Die Kerzen brennen und die Geigen schreien,
Es teilen und es schließen sich die Reihen,
Und alle glühen; aber du bist blaß.

Und du mußt tanzen; fremde Arme schmiegen
Sich an dein Herz; o leide nicht Gewalt!
Ich seh dein weißes Kleid vorüberfliegen
Und deine leichte, zärtliche Gestalt. – –

Und süßer strömend quillt der Duft der Nacht
Und träumerischer aus dem Kelch der Pflanzen.
Ich habe immer, immer dein gedacht;
Ich möchte schlafen; aber du mußt tanzen.

Die Nachtigall

Das macht, es hat die Nachtigall
Die ganze Nacht gesungen;
Da sind von ihrem süßen Schall,
Da sind in Hall und Widerhall
Die Rosen aufgesprungen.

Sie war doch sonst ein wildes Kind;
Nun geht sie tief in Sinnen,
Trägt in der Hand den Sommerhut
Und duldet still der Sonne Glut
Und weiß nicht, was beginnen.

Das macht, es hat die Nachtigall
Die ganze Nacht gesungen;
Da sind von ihrem süßen Schall,
Da sind in Hall und Widerhall
Die Rosen aufgesprungen.

Conrad Ferdinand Meyer

1825-1898

Die tote Liebe

Entgegen wandeln wir
Dem Dorf im Sonnenkuß,
Fast wie das Jüngerpaar
Nach Emmaus,
Dazwischen leise
Redend schritt
Der Meister, dem sie folgten
Und der den Tod erlitt.
So wandelt zwischen uns
Im Abendlicht
Unsre tote Liebe,
Die leise spricht.
Sie weiß für das Geheimnis
Ein heimlich Wort,
Sie kennt der Seelen
Allertiefsten Hort.
Sie deutet und erläutert
Uns jedes Ding,
Sie sagt: So ist's gekommen,
Daß ich am Holze hing.
Ihr habet mich verleugnet
Und schlimm verhöhnt,
Ich saß im Purpur,
Blutig, dorngekrönt,
Ich habe Tod erlitten,
Den Tod bezwang ich bald,
Und geh in eurer Mitten

Als himmlische Gestalt –
Da ward die Weggesellin
Von uns erkannt,
Da hat uns wie den Jüngern
Das Herz gebrannt.

Wilhelm Busch

1832-1908

Die Liebe

Die Liebe war nicht geringe.
Sie wurden ordentlich blaß;
Sie sagten sich tausend Dinge
Und wußten noch immer was.

Sie mußten sich lange quälen.
Doch schließlich kam's dazu,
Daß sie sich konnten vermählen.
Jetzt haben die Seelen Ruh.

Bei eines Strumpfes Bereitung
Sitzt sie im Morgenhabit;
Er liest in der Kölnischen Zeitung
Und teilt ihr das Nötige mit.

Romanze vom nützlichen Soldaten

Rieke näht auf die Maschine,
Nischke ist beis Militär,
Dennoch aber ließ sie ihne
Niemals nahe bei sich her.

Wozu, fragte sie verächtlich,
Wozu hilft mich der Soldat,
Wenn man bloß durch ihn hauptsächlich
So viel hohe Steuern hat.

Einstmals ging sie in das Holze,
Nischke wollte gerne mit;
Aber nein, partu nicht wollt se,
Daß er ihr dahin beglitt.

Plötzlich springt aus dem Gebüsche
Auf ihr zu ein alter Strolch;
Stiere Augen, wie die Fische,
Kalte Hände, wie der Molch.

Runter, schreit er, mit die Kleider,
Denn Sie lebt im Überfluß,
Da ich ein Fabrikarbeiter,
Der sich was verdienen muß.

Weinend fällt das Kleid und Röckchen,
Zitternd löst sich der Turnür,
Nur ein kurzes Unterglöckchen
Schützt vor Scham und Kälte ihr.

Bauz! Da fällt ein Schuß mit Schroten.
Fluchend läuft der Vagabund
Mit verletztem Hosenboden
In des Waldes Hintergrund.

Das tat Nischke, der trotz allen
Rieken heimlich nachgeschleicht,
Die sich unter Dankeslallen
Jetzt um seinen Hals verzweigt.

Oh, ihr Mädchens, laßt euch raten,
Ehrt und liebet den Soldat;
Weil er sonst vor seine Taten
Nicht viel zu verzehren hat.

Friedrich Nietzsche

1844-1900

Venedig

An der Brücke stand
Jüngst ich in brauner Nacht.
Fernher kam Gesang:
Goldener Tropfen quoll's
Über die zitternde Fläche weg.
Gondeln, Lichter, Musik –
Trunken schwamm's in die Dämmrung
hinaus …

Meine Seele, ein Saitenspiel,
Sang sich, unsichtbar berührt,
Heimlich ein Gondellied dazu,
Zitternd vor bunter Seligkeit.
– Hörte jemand ihr zu? …

Richard Dehmel

1863-1920

An die Ersehnte

Ich habe dich Gerte getauft, weil du so schlank bist
Und weil mich Gott mit dir züchtigen will
Und weil eine Sehnsucht in deinem Gang ist
Wie in schmächtigen Pappeln im April.

Ich kenne dich nicht – aber eines Tages
Wirst du im Sturm an meine Türe klopfen,
Und ich werde öffnen auf dies Klopfen,
Und meine zuchtlose Brust wird gleichen Schlages
An deine zuchtlosen Brüste klopfen.

Denn ich kenne dich – deine Augen glänzen
wie Knospen,
Und du willst blühen, blühen, blühen!
Und deine jungen Gedanken sprühen
Wie gepeitschte Sträucher an Sturzbächen;
Und du möchtest wie ich den Stürmen Gottes trotzen
Oder zerbrechen!

Frank Wedekind

1864-1918

Galathea

O, wie brenn' ich vor Verlangen,
Galathea, schönes Kind,
Dir zu küssen deine Wangen,
Weil sie so verlockend sind.

Daß ich auch die Gnade fände,
Galathea, schönes Kind,
Die zu küssen deine Hände,
Weil sie so verlockend sind.

Und was tät ich nicht, du süße
Galathea, schönes Kind,
Dir zu küssen deine Füße,
Weil sie so verlockend sind.

Und micht treibt der Pulse Stocken,
Galathea, schönes Kind,
Dir zu küssen deine Locken,
Weil sie so verlockend sind.

Aber deinen Mund enthülle,
Mädchen, meinen Küssen nie,
Denn in seiner Reize Fülle
Küßt ihn nur die Phantasie.

Pennal

Länger kann mein Herz ich nicht bezähmen –
Ach du lieber Gott, ich tat es nie! –
Doch Sie dürfen es nicht übelnehmen,
Aber ich gesteh's, ich liebe Sie.
Und wenn ich Sie auf der Straße sehe,
Dann ergreift es mich, ich weiß nicht wie;
Dann wird es mir klar und ich gestehe
Ihnen noch einmal: Ich liebe Sie.

Ob ich gehe, stehe, liege, sitze,
Ob ich meinen Aufsatz schreiben soll,
Ob ich über der Grammatik schwitze,
Stets erscheint Ihr Bild verheißungsvoll.
Und wenn Sie mir nicht zu schreiben denken,
Dann soll ein verheißungsvoller Blick,
Den Sie im Vorübergehn mir schenken,
Bote sein von meinem größten Glück.

Aber wenn mein Herz zu kühn gewesen,
Wenn sich Ihre Blicke wenden ab,
Werden Sie vielleicht im Tagblatt lesen,
Wo ein Lebensmüder fand sein Grab.
So, Sie kennen nun mein Liebesfeuer;
Winkt mir heitres, winkt mir düstres Los?
Meine Freude wäre ungeheuer;
Meine Schmerzen wären riesengroß.

Francisca

Francisca, mein reizender Falter,
Hätt'st du nicht zu eng für dein Alter
Den keimenden Busen geschnürt,
Dann klafften wohl nicht die Gewänder,
Sobald ich nur eben die Bänder
Mit harmlosem Finger berührt.

Nun wehr auch nicht meinem Entzücken,
Als Erster die Küsse zu pflücken
Der zarten, jungfräulichen Haut.
Mich blendet die schneeige Weiße,
Solang' ich das Fleisch nicht, das heiße,
Mit bebenden Lippen betaut.

Denn gleich wie die Knospe der Blume
Nichts ahnt von der Pracht und dem Ruhme
Der Rose am üppigen Strauch,
So seh' ich bescheiden erst schwellen
Die keuschen, die kindlichen Wellen,
Umweht von berauschendem Hauch.

O glaub mir, die Monde entfliehen,
Die Rosen verwelken, verblühen
Und fallen dem Winter zum Raub.
Es kommen und gehen die Jahre,
Man legt deinen Leib auf die Bahre
Und alles wird Moder und Staub.

Mein Käthchen

Mein Käthchen fordert zum Lohne
Von mir ein Liebesgedicht.
Ich sage: Mein Käthchen verschone
Mich damit, ich kann das nicht;

Ob überhaupt ich dich liebe
Das weiß ich nicht so genau;
Zwar sagst du ganz richtig, das bliebe
Gleichgültig; doch, Kätchen, schau:

Wenn ich die Liebe bedichte,
Bedicht' ich sie immer vorher,
Denn wenn vorbei die Geschichte,
Wird mir das Dichten zu schwer.

Otto Julius Bierbaum

1865-1910

Traum durch die Dämmerung

Weite Wiesen im Dämmergrau;
Die Sonne verglomm, die Sterne ziehn;
Nun geh ich zu der schönsten Frau,
Weit über Wiesen im Dämmergrau,
Tief in den Busch von Jasmin.

Durch Dämmergrau in der Liebe Land;
Ich gehe nicht schnell, ich eile nicht;
Mich zieht ein weiches, samtenes Band
Durch Dämmergrau in der Liebe Land,
In ein blaues, mildes Licht.

Christian Morgenstern

1871-1914

Es ist Nacht

Es ist Nacht,
und mein Herz kommt zu dir,
hält's nicht aus,
hält's nicht aus mehr bei mir.

Legt sich dir auf die Brust,
wie ein Stein,
sinkt hinein,
zu dem deinen hinein.

Dort erst,
dort erst kommt es zur Ruh,
liegt am Grund
seines ewigen Du.

Hugo von Hofmannsthal

1874-1929

Die beiden

Sie trug den Becher in der Hand
– Ihr Kinn und Mund glich seinem Rand –,
So leicht und sicher war ihr Gang,
Kein Tropfen aus dem Becher sprang.

So leicht und fest war seine Hand:
Er ritt auf einem jungen Pferde,
Und mit nachlässiger Gebärde
Erzwang er, daß es zitternd stand.

Jedoch, wenn er aus ihrer Hand
Den leichten Becher nehmen sollte,
So war es beiden allzu schwer:

Denn beide bebten sie so sehr,
Daß keine Hand die andre fand
Und dunkler Wein am Boden rollte.

Rainer Maria Rilke

1875-1926

Liebes-Lied

Wie soll ich meine Seele halten, daß
sie nicht an deine rührt? Wie soll ich sie
hinheben über dich zu andern Dingen?
Ach gerne möcht ich sie bei irgendwas
Verlorenem im Dunkel unterbringen
an einer fremden stillen Stelle, die
nicht weiterschwingt, wenn deine Tiefen
schwingen.
Doch alles, was uns anrührt, dich und mich,
nimmt uns zusammen wie ein Bogenstrich,
der aus zwei Saiten *eine* Stimme zieht.
Auf welches Instrument sind wir gespannt?
Und welcher Geiger hat uns in der Hand?
O süßes Lied.

Die dritte Elegie

Eines ist, die Geliebte zu singen. Ein anderes, wehe,
jenen verborgenen schuldigen Fluß-Gott des Bluts.
Den sie von weitem erkennt, ihren Jüngling, was
weiß er
selbst von dem Herren der Lust, der aus
dem Einsamen oft,
ehe das Mädchen noch linderte, oft auch als
wäre sie nicht,
ach, von welchem Unkenntlichen triefend, das
Gotthaupt
aufhob, aufrufend die Nacht zu unendlichem
Aufruhr.
O des Blutes Neptun, o sein furchtbarer Dreizack.
O der dunkele Wind seiner Brust aus gewundener
Muschel.
Horch, wie die Nacht sich muldet und höhlt. Ihr Sterne,
stammt nicht von euch des Liebenden Lust zu
dem Antlitz
seiner Geliebten? Hat er die innige Einsicht
in ihr reines Gesicht nicht aus dem reinen Gestirn?

Du nicht hast ihm, wehe, nicht seine Mutter
hat ihm die Bogen der Brau'n so zur Erwartung
gespannt.
Nicht an dir, ihn fühlendes Mädchen, an dir nicht
bog seine Lippe sich zum fruchtbarern Ausdruck.
Meinst du wirklich, ihn hätte dein leichter Auftritt
also erschüttert, du, die wandelt wie Frühwind?
Zwar du erschrakst ihm das Herz; doch ältere
Schrecken
stürzten in ihn bei dem berührenden Anstoß.

Ruf ihn ... du rufst ihn nicht ganz aus dunkelem
Umgang.
Freilich, er *will*, er entspringt; erleichtert gewöhnt er
sich in dein heimliches Herz und nimmt und
beginnt sich.
Aber begann er sich je?
Mutter, du machtest ihn klein, du warsts, die
ihn anfing;
dir war er neu, du beugtest über die neuen
Augen die freundliche Welt und wehrtest
der fremden.
Wo, ach, hin sind die Jahre, da du ihm einfach
mit der schlanken Gestalt wallendes Chaos vertratst?
Vieles verbargst du ihm so; das nächtlich verdächtige
Zimmer
machtest du harmlos, aus deinem Herzen voll Zuflucht
mischtest du menschlichern Raum seinem Nacht-Raum
hinzu.
Nicht in die Finsternis, nein, in dein näheres Dasein
hast du das Nachtlicht gestellt, und es schien wie aus
Freundschaft.
Nirgends ein Knistern, das du nicht lächelnd erklärtest,
so als wüßtest du längst, *wann* sich die Diele
benimmt...
Und er horchte und linderte sich. So vieles vermochte
zärtlich dein Aufstehn; hinter den Schrank trat
hoch im Mantel sein Schicksal, und in die Falten des
Vorhangs
paßte, die leicht sich verschob, seine unruhige
Zukunft.

Und er selbst, wie er lag, der Erleichterte, unter
schläfernden Lidern deiner leichten Gestaltung

Süße lösend in den gekosteten Vorschlaf –:
schien ein Gehüteter... Aber innen: wer wehrte,
hinderte innen in ihm die Fluten der Herkunft?
Ach, da war keine Vorsicht im Schlafenden; schlafend,
aber träumend, aber in Fiebern: wie er sich einließ.
Er, der Neue, Scheuende, wie er verstrickt war,
mit des innern Geschehns weiterschlagenden Ranken
schon zu Mustern verschlungen, zu würgendem
Wachstum, zu tierhaft
jagenden Formen. Wie er sich hingab –. Liebte.

Liebte sein Inneres, seines Inneren Wildnis,
diesen Urwald in ihm, auf dessen stummem
Gestürztsein
lichtgrün sein Herz stand. Liebte. Verließ es, ging die
eigenen Wurzeln hinaus in gewaltigen Ursprung,
wo seine kleine Geburt schon überlebt war. Liebend
stieg er hinab in das ältere Blut, in die Schluchten,
wo das Furchtbare lag, noch satt von den Vätern. Und
jedes
Schreckliche kannte ihn, blinzelte, war wie verständigt.
Ja, das Entsetzliche lächelte... Selten
hast du so zärtlich gelächelt, Mutter. Wie sollte
er es nicht lieben, da es ihm lächelte. Vor dir
hat ers geliebt, denn, da du ihn trugst schon,
war es im Wasser gelöst, das den Keimenden leicht
macht.
Siehe, wir lieben nicht, wie die Blumen, aus einem
einzigen Jahr; uns steigt, wo wir lieben,
unvordenklicher Saft in die Arme. O Mädchen,
dies: daß wir liebten *in* uns, nicht Eines, ein Künftiges,
sondern
das zahllos Brauende; nicht ein einzelnes Kind,

sondern die Väter, die wie Trümmer Gebirgs
uns im Grunde beruhn; sondern das trockene Flußbett
einstiger Mütter –; sondern die ganze
lautlose Landschaft unter dem wolkigen oder
reinen Verhängnis –: *dies* kam dir, Mädchen, zuvor.

Und du selber, was weißt du –, du locktest
Vorzeit empor in dem Liebenden. Welche Gefühle
wühlten herauf aus entwandelten Wesen. Welche
Frauen haßten dich da. Was für finstere Männer
regtest du auf im Geäder des Jünglings? Tote
Kinder wollten zu dir … O leise, leise,
tu ein liebes vor ihm, ein verläßliches Tagwerk, – führ ihn
nah an den Garten heran, gib ihm der Nächte
Übergewicht …
Verhalt ihn …

Liebesanfang

O Lächeln, erstes Lächeln, unser Lächeln.
Wie war das Eines: Duft der Linden atmen,
Parkstille hören –, plötzlich in einander
aufschaun und staunen bis heran ans Lächeln.

In diesem Lächeln war Erinnerung
an einen Hasen, der da eben drüben
im Rasen spielte; dieses war die Kindheit
des Lächelns. Ernster schon war ihm des Schwanes
Bewegung eingegeben, den wir später
den Weiher teilen sahen in zwei Hälften
lautlosen Abends. – Und der Wipfel Ränder
gegen den reinen, freien, ganz schon künftig
nächtigen Himmel hatten diesem Lächeln
Ränder gezogen gegen die entzückte
Zukunft im Antlitz.

Georg Heym

1887-1912

Deine Wimpern, die langen…

An Hildegard K.

Deine Wimpern, die langen,
Deiner Augen dunkele Wasser,
Laß mich tauchen darein,
Laß mich zur Tiefe gehn.

Steigt der Bergmann zum Schacht
Und schwankt seine trübe Lampe
Über der Erze Tor,
Hoch an der Schattenwand,

Sieh, ich steige hinab,
In deinem Schoß zu vergessen,
Fern, was von oben dröhnt,
Helle und Qual und Tag.

An den Feldern verwächst,
Wo der Wind steht, trunken vom Korn,
Hoher Dorn, hoch und krank
Gegen das Himmelsblau.

Gib mir die Hand,
Wir wollen einander verwachsen,
Einem Wind Beute,
Einsamer Vögel Flug,

Hören im Sommer
Die Orgel der matten Gewitter,
Baden in Herbsteslicht,
Am Ufer des blauen Tags.

Manchmal wollen wir stehn
Am Rand des dunkelen Brunnens,
Tief in die Stille zu sehn,
Unsere Liebe zu suchen.

Oder wir treten hinaus
Vom Schatten der goldenen Wälder,
Groß in ein Abendrot,
Das dir berührt sanft die Stirn.

Göttliche Trauer,
Schweige der ewigen Liebe.
Hebe den Krug herauf,
Trinke den Schlaf.

Einmal am Ende zu stehen,
Wo Meer in gelblichen Flecken
Leise schwimmt schon herein
Zu der September Bucht.

Oben zu ruhn
Im Hause der durstigen Blumen,
Über die Felsen hinab
Singt und zittert der Wind.

Doch von der Pappel,
Die ragt im Ewigen Blauen,
Fällt schon ein braunes Blatt,
Ruht auf dem Nacken dir aus.

Georg Trakl

1887-1914

Verklärter Herbst

Gewaltig endet so das Jahr
Mit goldnem Wein und Frucht der Gärten.
Rund schweigen Wälder wunderbar
Und sind des Einsamen Gefährten.

Da sagt der Landmann: Es ist gut.
Ihr Abendglocken lang und leise
Gebt noch zum Ende frohen Mut.
Ein Vogelzug grüßt auf der Reise.

Es ist der Liebe milde Zeit.
Im Kahn den blauen Fluß hinunter
Wie schön sich Bild an Bildchen reiht –
Das geht in Ruh und Schweigen unter.

Mondnacht

Es war, als hätt der Himmel
Die Erde still geküßt,
Daß sie im Blütenschimmer
Von ihm nun träumen müßt.

Die Luft ging durch die Felder,
Die Ähren wogten sacht,
Es rauschten leis die Wälder,
So sternklar war die Nacht.

Und meine Seele spannte
Weit ihre Flügel aus,
Flog durch die stillen Lande,
Als flöge sie nach Haus.

Joseph Freiherr von Eichendorff

Inhalt

Johann Wolfgang Goethe · 1749-1832
Rastlose Liebe 9

Hans Sachs · 1494-1576
Ein schöns Lied einer ehrlichen Jungfrauen ... 11
Alte Volkslieder
Waldvögelein 13
Laß rauschen! 13
Das Mühlrad 14
Simon Dach · 1605-1659
Annchen von Tharau 15
Paul Fleming · 1609-1640
Wie er wolle geküsset sein 17
Christian Hofmann von Hofmannswaldau · 1617-1679
Die Wollust 19
Johann Christian Günther · 1695-1723
Das Feld der Lüste 21
Die Pest 21
Die verworfene Liebe 22
Friedrich von Hagedorn · 1708-1754
Die Küsse 24
Der Wettstreit 24
An eine Schläferin 25
An die Liebe 25
Christian Fürchtegott Gellert · 1715-1769
Damötas und Phyllis 26
Die Widersprecherin 28
Johann Wilhelm Ludwig Gleim · 1719-1803
Anakreon 31

Christian Felix Weisse · 1726-1804
Der Kuß 32
Gotthold Ephraim Lessing · 1729-1781
Für wen ich singe 33
Der Tod 34
Heinrich Wilhelm von Gerstenberg · 1737-1823
An eine Rose 36
Das schlafende Mädchen 37
Matthias Claudius · 1740-1815
Die Liebe 38
Der Tod und das Mädchen 38
Johann Georg Jacobi · 1740-1814
Abend 39
Friedrich Wilhelm Gotter · 1746-1797
Lied in einer Sommernacht gesungen 41
Schlafe, mein Prinzchen! 41
Beruf zur Liebe 42
Gottfried August Bürger · 1747-1794
Des Pfarrers Tochter von Taubenhain 44
Gabriele 52
An die Menschengesichter 53
Leopold Friedrich Günther von Goeckingh · 1748-1828
Nach dem ersten nächtlichen Besuche 55
An den Mond 57
Johann Wolfgang Goethe · 1749-1832
An den Mond 58
Ob ich Dich liebe, weiß ich nicht 59
Heidenröslein 59
Mignon 60
Nur, wer die Sehnsucht kennt 61
Nähe des Geliebten 61
Die Liebende abermals 62
Phänomen 62

Lesebuch 63
Allgegenwärtige 64
Sehnsucht 65
Friedrich Schiller · 1759-1805
Das Mädchen aus der Fremde 67
Friedrich Hölderlin · 1770-1843
Lebenslauf 69
Hälfte des Lebens 69
Ludwig Tieck · 1773-1853
Wunder der Liebe. Glosse 70
Clemens Brentano · 1778-1842
Liebesnacht im Haine 72
Was reif in diesen Zeilen steht 72
Sophie Brentano · 1770-1806
Feuerfarb 74
Karoline von Günderode · 1780-1806
Die eine Klage 76
Joseph Freiherr von Eichendorff · 1788-1857
Sehnsucht 77
Neue Liebe 78
August Graf von Platen · 1796-1835
Tristan 79
Annette von Droste-Hülshoff · 1797-1848
Im Grase 80
Heinrich Heine · 1797-1856
Im wunderschönen Monat Mai 82
Sie saßen und tranken am Teetisch 82
Ein Jüngling liebt ein Mädchen 83
Die Lore-Ley 84
Nikolaus Lenau · 1802-1850
Liebesfeier 85
Der Postillon 85

Eduard Mörike · 1804-1875
An die Geliebte 89
Verborgenheit 89
Das verlassene Mägdlein 90
Friedrich Hebbel · 1813-1863
Ich und Du 92
Sommerbild 92
Theodor Storm · 1817-1888
Wer je gelebt in Liebesarmen 93
Hyazinthen 93
Die Nachtigall 94
Conrad Ferdinand Meyer · 1825-1898
Die tote Liebe 95
Wilhelm Busch · 1832-1908
Die Liebe 97
Romanze vom nützlichen Soldaten 97
Friedrich Nietzsche · 1844-1900
Venedig 100
Richard Dehmel · 1863-1920
An die Ersehnte 101
Frank Wedekind · 1864-1918
Galathea 102
Pennal 103
Francisca 104
Mein Käthchen 105
Otto Julius Bierbaum · 1865-1910
Traum durch die Dämmerung 106
Christian Morgenstern · 1871-1914
Es ist Nacht 107
Hugo von Hofmannsthal · 1874-1929
Die beiden 108
Rainer Maria Rilke · 1875-1926
Liebes-Lied 109

Die dritte Elegie 110
Liebesanfang 114
Georg Heym · 1887-1912
Deine Wimpern, die langen... 115
Georg Trakl · 1887-1914
Verklärter Herbst 118

Joseph Freiherr von Eichendorff · 1788-1857
Mondnacht 119